Rhetorik und Schlagfertigkeit für Einsteiger

Das Praxisbuch

Wie Sie schnell besser kommunizieren und gekonnt argumentieren, um überzeugend aufzutreten und verbale Angriffe direkt abzuwehren

Markus Seeberg

INHALT

Das erwartet Sie in diesem Buch

Die Hände schwitzen und Ihre Klangfarbe wird leiser. Die Wörter fallen aus dem Mund mit zittriger Stimme heraus. Ups, und schon ist es passiert! Das falsche Wort an der falschen Stelle wurde benutzt! Werden Sie auch schnell nervös, wenn Sie eine Präsentation halten müssen? Fällt es Ihnen auch schwer, effektiv mit den Mitmenschen zu kommunizieren? Versuchen Sie auch, für den Beruf und den Alltag Ihre Redekunst zu verbessern?

Die richtigen Wörter zu finden, ist nicht immer für jeden allzu einfach. Ein Gespräch anzufangen oder es auch zu beenden, ist manchmal gar nicht so einfach, sondern umso schwerer. Der Kauf dieses Buches wird Sie in Ihren Schwierigkeiten durch die Kunst der Rede begleiten. Sie werden Ihre Rhetorik einer kompletten Erneuerung unterziehen.

Sie möchten nicht nur Ihre Rhetorik verbessern, sondern auch Ihre Schlagfertigkeit trainieren? Dann haben Sie genau das richtige Buch zur Hand genommen. Die Schlagfertigkeit ist im heutigen Alltag eine der wichtigsten Fähigkeiten, die man bei der Kommunikation zu beherrschen haben sollte. Sie werden erlernen, wie Sie in unangenehmen Gesprächen, sei es auch über Sie oder über andere, zu antworten wissen.

Die Kommunikation bestimmt die zwischenmenschlichen Beziehungen unter den Menschen. Es existieren ein Sender und ein Empfänger in jeder Kommunikation, die einen bestimmten Betreff weitervermitteln. Ist doch so, oder? Die Kommunikation ist das A und O in unserem Alltag.

Jeder Mensch hat in seinem Leben Konflikte oder Probleme, die er zu überwinden hat. Um diese Probleme schnellstmöglich lösen zu können, ist ein gelungener, klarer, sinnvoller Austausch an Informationen mit den Mitmenschen besonders wichtig. Lösungen und Ziele werden oftmals mit einer sauberen Rhetorik viel schneller erreicht als mit leeren weitergegebenen Sätzen. Geben Sie mir recht? Ich hoffe doch.

Ein Ziel ist oft „der große Erfolg in der Karriere". Der berufliche Werdegang charakterisiert auch die Rhetorik, die man bei seiner Karriere verwenden sollte. Ein Comedian hat einen etwas anderen Wortschatz als ein Finanzmann: Fachbegriffe, die ein Finanzmann bei seinen Meetings verwenden sollte, Jugendwörter, die ein Comedian bei seinen Stand-up-Shows zum Einsatz aufbieten sollte. Die Kunst der Rede ist das Geheimnis zum Erfolg sowohl in der Karriere als auch in alltäglichen Angelegenheiten.

Die letzten schönen Wörter, die man den Kunden, seinen Freunden und den Bekannten zum Abschied sagt, die netten Begrüßungen, mit denen man die Kunden, die Freunde und die Bekannten empfängt – Erfolge und Beziehungen wachsen mit der Kommunikation umso mehr. Die Rhetorik zeichnet sich durch wesentliche Punkte aus, wie beispielsweise die Körpersprache, die Stimmlage und die Qualität der Begründungen. Die Wirkung der Körpersprache und der Stimmlage kann bei einem geringen Textteil für mehr Effektivität sorgen. Somit kann eine kurz gefasste Rede durch die Körpersprache und Stimmlage genauso effektiv sein wie eine ausformulierte und perfekt strukturierte Rede.

Wie bereits erwähnt, behandelt dieses Buch neben der Rhetorik auch die Schlagfertigkeit. Manche Situationen können selbst den wortgewandtesten Menschen zum Schweigen bringen, da die Fähigkeit der Schlagfertigkeit mangelt. Mit diesem Buch können Sie sich dies nun antrainieren.

Im Alltag können unangenehme Gespräche und schwierige Situationen auftreten, bei denen man dem Gesprächspartner nicht mehr zu antworten weiß. Fallen Ihnen auch schon einige dieser Situationen ein? Sind Ihnen solche Situationen doch nicht allzu fremd? Während die einen auf Anhieb eine Antwort parat haben und einen Rückschlag, was metaphorisch gemeint ist, ausführen können, ziehen sich so manch andere lieber zurück. Können Sie sich schon zuordnen? Wie schlagfertig sind Sie? Sind Sie sich nicht sicher? Keine Sorge, bewahren Sie Ihre Ruhe. Mit diesem Buch werden Sie Ihre Schlagfertigkeit trainieren. Emotionen sind es oft, die Sie in Unsicherheit bringen und die richtigen Wörter nicht finden lassen, um sich zu wehren. Im Alltag begegnet man Mitmenschen, wie Arbeitskollegen und Arbeitskolleginnen, Studenten und

Studentinnen, Arbeitgeber*innen und Arbeitneh-mer*innen, mit denen man in ständiger Kommunikation sein wird. Die Wortwahl ist mit großer Sorgfalt zu treffen, um eine Beziehung oder das Arbeitsklima nicht zu beschädigen. Ein Begriff kann eine Streitigkeit her-leiten, den einen oder anderen zum Schweigen bringen oder eine Versöhnung herbeiführen.

Mit diesem Buch haben Sie die richtige Wahl ge-troffen, um Ihre Rhetorik und Schlagfertigkeit nun an-zutrainieren.

Rhetorik

FEHLERN AUF DIE SCHLICHE KOMMEN

Der erste Schritt zum Erfolg ist immer, aus den eignen Fehlern zu lernen. Selbstkritik lässt schneller die eigenen Fehler entdecken oder verhindert auch, überhaupt Fehler zu begehen. Man sollte jedoch nicht allzu streng mit sich sein. Wie streng sind Sie mit sich selbst? Es ist immerhin ein Anfang, die eigenen Schwächen zu ermitteln und diese in Stärken umzuwandeln. Auch bei Ihrer Rhetorik können Fehler entstehen. Die Wortwahl kann falsch sein. Die Aussprache kann Ihnen misslingen. Oder Sie bilden einfach leere Sätze ohne jeglichen Sinn. Was machen Sie bei Ihrer Rede bzw. Präsentationen falsch? Wie entstehen Ihre Fehler? Ist es durch Ihre

Nervosität? Oder woran hakt es sonst bei Ihren Reden oder Gesprächen im Alltag immer? Die Fehler unserer Gesprächspartner bei deren Reden oder Präsentationen fallen uns schneller auf als die der eigenen. Man sollte sich also immer zuerst selbst an die Nase fassen.

Fehler, die bei den Gesprächen oder Reden gemacht werden, können ganz unterschiedliche sein. Einer der größten Fehler ist es jedoch, ohne jegliche Planung bzw. Vorbereitung eine Rede zu halten, denn wie man weiß: „Eine gute Vorbereitung ist die halbe Miete". Um welches Publikum es sich dabei handelt, spielt hierbei keine Rolle, ob vor der eigenen Schulklasse oder vor dem Arbeitgeber. Selbst im Alltag sollte man nie unüberlegt antworten. Nehmen Sie sich stets die Minute, falls Sie nicht direkt die richtigen Wörter finden. Ein leerer Satz ohne Inhalt wird Ihnen und dem Gesprächspartner gegenüber sowieso nichts nützen können. Das Erlernen der Rhetorik hilft Ihnen, einen fließenden Gesprächsaufbau im Alltag führen zu können und eine gute durchgeplante Rede bzw. Präsentation darzubieten. Sie werden sich somit vor jeglichem Schlamassel retten können.

Natürlich gibt es so manche Naturtalente, die eine spontane Rede frei aus dem Ärmel schütteln können. Doch dies sollte Sie nicht entmutigen, sondern viel mehr motivieren. Sie können dies genauso schaffen, nur die Übung zählt.

Ihr Wissen bezüglich Ihres Vorgehens, um Ihre Rhetorik für eine gute Rede zu verbessern, ist besonders wichtig. Eine gute Rede bedarf einer guten zeitlichen Vorplanung. Der Redner muss sich zutiefst mit dem Inhalt beschäftigt bzw. auseinandergesetzt haben. Sie vermeiden somit „Last Minute" eine hektische und panische Planung Ihrer Rede. Ihre Nervosität wird dadurch reduziert, da Sie gut vorbereitet sind und wissen, was auf Sie zukommen wird. Ihre Selbstsicherheit steigert sich. Besonders bei Ihren ersten Reden und Präsentationen ist der Aufwand empfehlenswert. Die Gewissheit über Ihr Thema, was durch Recherche und mehrmalige Wiederholungen entstand, führt letztendlich dazu, dass Sie Ihre Rede bzw. Ihren Vortrag freier aufsagen und nicht vorlesen werden. Versuchen Sie, Ihre Rede zu verinnerlichen.

Wenn Sie die Bausteine und die Struktur Ihrer Rede verankert haben, werden Sie auch einen selbstsicheren Auftritt vor dem Publikum darlegen können. Die Überzeugungskraft Ihrer Rede wird durch Ihr selbstsicheres Auftreten verstärkt und das Publikum wird motiviert, Ihrer Rede weiterhin zu folgen.

Man könne nicht nicht kommunizieren, so Paul Watzlawick. Es ist der Blick, die Mimik, die Gestik oder die Körperhaltung, die zu einer nonverbalen Kommunikation führen kann. Der Mensch kann zwar schweigen, doch dies beendet noch lange nicht das unbewusste, nonverbale Kommunizieren. Emotionen können also nicht immer verschwiegen werden. Ich möchte Sie durch ein Beispiel aufklären:

Im Wartezimmer sitzen drei Damen nebeneinander. Die eine Dame wippt mit ihrem Bein auf und ab. Ihre Nervosität ist klar zu spüren. Die andere Dame starrt aus dem Fenster und zeigt damit ihre Ignoranz gegenüber den anderen Damen. Und die letzte Dame hält ihre Wange fest und schaut quengelig. Man kann erkennen, dass sie starke Zahnschmerzen hat.

Emotionen zeigt man unbewusst nach außen – durch nonverbale Kommunikation. Ihre Emotionen und Ihre Körpersprache müssen Sie als Redner unter Kontrolle haben, um keine falschen Signale den Zuschauern zu übermitteln. Wer kennt es nicht, Lampenfieber vor einer Präsentation oder einer Rede zu haben? Doch die Kunst liegt darin, dies zu überwinden oder auch zu kaschieren. Sie müssen die Kontrolle über Ihre Stimme und Ihre Körpersprache besitzen. Dies sollte kein Problem für Sie sein! Nur Mut! Übung macht den Meister!

Nervosität und Lampenfieber lassen den Körper in eine Art Starre fallen, bringen Sie zum Zappeln auf der Bühne oder lassen Ihre Stimme nicht hervortreten. Der Blickkontakt zum Publikum wird ebenfalls vermieden. Das Publikum wird durch all diese Sachen überfordert und verliert nach und nach die Aufmerksamkeit an Ihrem Vortrag. Der Inhalt Ihrer Rede wird unbewusst durch Sie in den Hintergrund gerückt und Ihre Körpersprache in den Vordergrund. Die Kunst liegt darin, den Spieß umzudrehen und die Körpersprache als ein effektives Mittel für Ihren Redeinhalt einzusetzen. Doch dazu später mehr.

Während Ihrer Präsentation oder Ihrer Rede können natürlich Fragen vom Publikum auftauchen. Diese können natürlich beantwortet werden, doch man sollte immer auf die Zeit achten und auf das Wesentliche, nämliche Ihre Rede. Es sollten möglichst keine Small Talks entstehen.

Wie bereits erwähnt, ist die Vorbereitung Ihrer Rede besonders wichtig. Der Redner kann sich durch eine Vorbereitung an seine Zuhörer anpassen und seinen Textteil mit der entsprechenden Wortwahl aufbauen. Der Aufbau einer Rede spielt eine große Rolle.

Es kann das Publikum an sich binden oder von sich abwenden lassen.

Die ersten Sätze Ihrer Rede werden entweder die Zuhörer neugierig machen und sie direkt einbinden oder sie werden verängstigt durch die Gewissheit, dass etwas Langes mit Redeanteil auf sie zukommen wird. Es ist also von Bedeutung, dass Sie den ersten Satz Ihrer Rede gut auswählen. Es sollte kaum ein Satz lauten wie „Vor meiner eigentlichen Rede muss ich Sie noch über wesentliche Inhalte aufklären, wie …". Das Publikum nimmt diese Sätze negativ wahr, wie „Oh, jetzt kommt was Komplexes auf uns zu."

Doch auch das Ende sollte einen guten, sinnvollen Satz enthalten. Besonders abrupte Enden sollten möglichst vermieden werden. Zum Abschluss kann man sich auch an die Zuhörer wenden, indem man als Redner an sie appelliert. Dies könnte zum Beispiel lauten: „Zeigen Sie sich und der Welt, wie selbstsicher Sie auftreten können." Oder machen Sie einen Aufruf, wie zum Beispiel „Fragen Sie sich zu Hause, was Sie mit dem falsch sortierten Müll anrichten können. Helfen Sie der Umwelt, indem Sie Ihren Müll richtig sortieren." Oder reden Sie dem Publikum etwas Gutes zu, wie „Ich hoffe, dass ich Sie mit dieser Präsentation bereichern konnte und wünsche Ihnen weiterhin alles Gute auf Ihrem Bildungsweg."

Dies sind Sätze, die bei Ihren Zuhörern auch nach der Präsentation eine Wirkung hinterlassen. Sätze, worüber die Zuhörer auch nach der Präsentation nachdenken werden. Ein roter Faden hilft, bei einer Rede die Ordnung beizubehalten, sowohl als Redner als auch als Hörer.

Bei einer Rede versucht man oftmals, die allerbeste Seite von sich zu zeigen. Und da kann man schon mal den Faden verlieren und etwas übertreiben. Perfektionismus kann auch bei der Rhetorik schaden. Bei dem Versuch, sich von der gebildetsten Seite durch das Verwenden von Fachbegriffen und langen Sätzen zu zeigen, geschieht leider oft, dass man sich in den langen Sätzen verliert und die Fachbegriffe falsch verwendet. Gestalten Sie Ihre Rede durch kurze und klar strukturierte Sätze. Versuchen Sie, eine Balance zu finden. Hierbei sollte man sich auf den Wortgebrauch Ihrer Zuhörer anpassen, je nachdem kann man auch die entsprechenden Fachbegriffe verwenden, um das Niveau der Zuhörer zu halten.

Einige Redner machen auch den Fehler, dass sie ihren Redeanteil zu formell formuliert haben. Sie sollten nicht vergessen, dass Sie diesen Text vortragen werden! Sie kennen sicher die Regel „Man sollte nicht schreiben, wie man spricht.", so gilt auch „Man soll nicht formell sprechen, so wie man es schreibt." Schreiben Sie lieber Ihren Text, so wie Sie ihn auch vortragen werden.

Eine der beliebtesten Fehler ist „der ungefüllte Satz", der bei den meisten Menschen auftritt. Es gibt den einen oder anderen Augenblick, in dem man schlecht eine Antwort herausbringen kann und sich dann auch nicht die Zeit nimmt, darüber nachzudenken, sondern Sie reden einfach drauf los. Dann häufen sich gewisse Füllwörter, wie „einfach", „halt" und „irgendwie" ..., die der eine oder andere auch schon in seinem Wortgebrauch verankert hat. Sie fallen Ihren Mitmenschen besonders beim Gespräch schnell auf und machen die Rede wertlos. Suchen Sie doch mal Ihre eigenen Füllwörter heraus oder schauen Sie, ob Sie überhaupt welche verwenden. Besonders benutzt man diese Begriffe, wenn man nervös und aufgeregt ist.

Als Tipp: Um solche Wörter zu ermitteln, können Sie das Spiel „Tabu" spielen oder eine spontane kleine Präsentation zu einem Gegenstand vor Ihren Freunden halten. Besonders Ihren Freunden wird es sicherlich auffallen, welche Füllwörter Sie am häufigsten verwenden. Das Wichtigste, worauf Sie achten sollten, ist es, dass Sie sich ein Ziel in Ihrer Rede setzen. Nur das bringt Ihnen eine gewisse Struktur. Seien Sie kein Mensch, der redet, aber ohne etwas Klares gesagt zu haben.

Was auch sehr häufig falsch gemacht wird, ist der Bau negativer bzw. pessimistischer Sätze durch Verneinungen etc. Versuchen Sie, negative Sätze zu vermeiden, und versuchen Sie, diese möglichst positiv umzuformulieren, damit die Zuhörer nicht von Ihrer Negativität verschreckt werden.

Als Beispiel: Das Wetter wird heute schrecklich sein. – Das Wetter soll heute nicht mit seiner angenehmen Seite scheinen. Stellen Sie sich die Rede wie den Plus- und Minuspol eines Magneten vor. Sie sollten für ein Problem auch eine Lösung anbieten.

Der Textteil an sich ist am bedeutsamsten. Nur der Inhalt und der richtige Aufbau können eine gewisse Überzeugung darbieten. Und, wenn der Textteil Ihrer Rede nicht einem vollen Umfang entspricht, so muss die Körpersprache optimal zum Einsatz gebracht werden. Die Körperhaltung, Mimik und Gestik müssen ideal dem Inhalt und dem Publikum angepasst werden.

Der Blickkontakt zum Zuschauer muss beibehalten werden, nur so strahlt man Selbstbewusstsein aus. Menschen, die in sich versunken dastehen, würden auch keine selbstsichere Rede durchführen können, da dies eine schlechtere Wirkung bei den Zuhörern hinterlässt. Laut einer Studie aus dem Jahr 2006 des Allensbach-Instituts und der Universität Mainz wurden Aspekte wie Textanteil, Erscheinungsbild, Betonung und Gestik für die Gesamtwirkung eines Vortrags analysiert. Diese Studie lieferte die Ergebnisse, dass bei großem, gut strukturiertem und inhaltlich einwandfreiem Textanteil, auch mit wenig Nutzen bzw. Wirkung der Körpersprache, der Redner überzeugend sein kann. In diesem Fall stützt die Körpersprache wenig den Textteil. Die Überzeugung liegt allein am perfekten Textanteil. Es wurde aber dennoch festgestellt, dass bei wenig überzeugendem Textanteil die Stimme und die Körpersprache einen bis zu dreifacher mehr Überzeugung dazu beitragen kann. Also je mehr unüberzeugender Textanteil, desto mehr müssen sie sich und ihr Selbstbewusstsein dem Publikum spüren lassen und sich den Zuschauern mit Gestik, Mimik, Körpersprache widmen.

Jetzt brauchen Sie sich aber keine Sorgen zu machen, falls mehrere dieser Fehler auf Sie zutreffen. Mit diesem Buch werden Sie bei Ihren Fehlern ansetzen und Ihrer Rede wieder Struktur geben und durch die Körpersprache wieder Leben verleihen.

DIE REDE ENTWIRREN UND AUFBAUEN

In der Theorie ist man nun über die eigenen Fehler und die dafür vorgesehen Lösungen aufgeklärt. Doch wie können Sie sich dieser Fehler entledigen und die richtigen Techniken aneignen? Dazu werden Ihnen einige Übungen in diesem Kapitel präsentiert, die Sie selbst zu Hause durchführen können.

Tipp 1: Besonders hilfreich für die eigene Nervosität ist es, den eigenen Vortrag für sich zu standardisieren. Gehen Sie den Vortrag mehrmals durch und sprechen Sie ihn mehrmals laut aus. Je mehr Sie sich mit dem Text und dem Inhalt identifizieren können, umso mehr verlieren Sie Ihre Angst, sich zu versprechen. Wenn man seine Nervosität aufgrund der Zuschauer erlangt, dann sollte man möglichst versuchen, vor seinen Freunden den Vortrag mehrmals zu präsentieren. So können Sie sich selbst mit einer ehrlichen Kritik auseinandersetzen. Versuchen Sie, dieses auch vor den Freunden zu präsentieren, mit denen Sie sich nicht allzu oft treffen. Je fremder die Zuhörer sind, umso mehr Übung haben Sie. Nehmen Sie ruhig Personen, bei denen Sie auch schon direkt Ihre Nervosität fühlen würden, um so zu merken, dass das Präsentieren gar nicht so schlimm ist.

Tipp 2: Zeitungsartikel, Bücher, was Sie auch möchten, sollten Sie Ihren Freunden zusammenfassen und vortragen. Je mehr Sie sich solchen kleinen Zusammenfassungen widmen, umso besser werden Sie sich mit Ihren Texten selbstsicherer fühlen und auch auf Ihre inhaltlichen Aspekte und die Vortragsweise achten. Dies ist auch für Ihren Alltag ein schönes Training. Man trainiert, Inhalte kurz und knapp zu schildern, um Texte sicher vortragen zu können.

Tipp 3: Der gute alte Spiegel. Schauen Sie sich beim Vortragen mal selbst zu. Ihre Körperhaltung, Gestik, Mimik. Stehen Sie gerade oder buckelig? Lächeln Sie zu wenig? Sieht man Ihnen Ihre Nervosität an? Verschrecken Sie Ihre Zuhörer? Lesen Sie zu sehr ab? Das alles sieht man sich im Spiegel an. Je öfter Sie vor dem Spiegel trainieren, umso besser werden Ihre Vorträge sein. Sie können durch die Spiegel-Übung erlernen, sich den Zuhörern, vor denen Sie präsentieren werden, anzupassen. Zum Beispiel seriöser zu erscheinen, weil Sie vor Erwachsenen präsentieren werden, etwas entspannter, weil Sie vor Jugendlichen vortragen werden.

Diese Übung wird öfter von Leuten verwendet, die beruflich zum Beispiel im Fernsehen arbeiten. Man lernt sich kennen und weiß stets über das eigene Selbstbild Bescheid.

Tipp 4: Die wohl lustigste Spielidee, die man auch gut mit seinen Freunden durchführen kann, wird nun geschildert. Nehmen Sie sich einen Gegenstand und geben Sie sich eine gewisse Zeit vor, ca. 4 – 5 Minuten. Stellen Sie sie sich nun vor, dass Sie eine Verkäuferin oder ein Verkäufer sind, und präsentieren Sie Ihren Gegenstand Ihren Freunden so, als ob dies ein Produkt zum Kaufen oder ein Gegenstand mit vielen Erinnerungen für Sie wäre. Es ist zu Beginn einer solchen Übung immer eine große Erfahrung, dieses Spiel zu meistern, denn Sie müssen sich im Alltag manchmal mit den sinnlosesten Themen auseinandersetzen, die Sie gar nicht wissen möchten. Doch zum Beispiel, was der Arbeitgeber sagt, muss auch gemacht werden. Sie lernen, dass Sie sich selbst von dem gegebenen Thema so stark überzeugen und auch die anderen zu dem gegebenen Thema bereichern müssen. Je nach Schwierigkeitsgrad können Sie die Zeit verkürzen oder auch verlängern, indem Sie auf 20 Minuten verlängern oder auf 2 Minuten verkürzen.

Dem einen fällt es schwer, etwas kurz und knapp auf den Punkt zu bringen. Dem anderen fällt es schwer, die Zeit auszufüllen. Doch besonders hierbei Vorsicht: Wie auch oben bereits erwähnt, sollte die Zeit nicht mit leeren Sätzen ausgefüllt werden. Diese Übung muss auch nicht unbedingt mit Freunden stattfinden. Es kann jetzt seltsam klingen, doch führen Sie doch mal Selbstgespräche. Reden Sie einfach selbst drauf los und versuchen Sie, sich nicht zu wiederholen und sich in Ihren Argumenten zu verlieren. Das Wesentliche besteht darin, zu sprechen und Sätze zu bauen, etwas ausformulieren zu können und sich bei den Wörtern nicht zu verlieren.

Wie bereits erwähnt, ist für die Überzeugung eine gute Körperhaltung wichtig, doch auch die Stimme spielt eine wesentliche Rolle. Und um die Stimme zum Einsatz bringen zu können, ist die kontrollierte Atmung wichtig. Trainieren Sie den Einsatz Ihrer Atmung. Hier kommen nun einige Punkte, womit Sie Ihre Atmung für Ihre Reden und ebenfalls auch Ihre Körperhaltung trainieren können:

Punkt 1: Hierzu ist die Aufmerksamkeit dem Publikum durch ihren Blickkontakt zu schenken und somit auch die Aufmerksamkeit des Publikums aufrechtzuerhalten. Schauen Sie beim Erklären nicht einfach starr in die Runde, sondern nehmen Sie sich immer einzelne Personen heraus, mit denen Sie Blickkontakt halten.

Punkt 2: Die Haltung sollte mit hüftbreit geöffneten Beinen sein. Ein selbstsicheres Erscheinen ist immer von Vorteil. Dabei sollte man aufpassen, dass die Schultern recht entspannt sein sollten, da man sonst die Anspannung bemerkt. Die Haltung der Beine sollte möglichst nicht breiter sein als eine Hüftbreite, da es sonst ziemlich dominant wahrgenommen werden könnte. Die Beine zu nah beieinander wirken leider, als müsste ein kleiner Junge aufs Töpfchen gehen und Sie strahlen somit eine Unsicherheit aus.

Punkt 3: Gestik und Mimik zeigen die Leidenschaft und die Überzeugung, für das, was man sagt. Also je dynamischer und aktiver Sie beim Vortragen sind, umso effektiver wird es auf die Zuhörer wirken. Achten Sie darauf, dass Sie nicht Ihre Arme einfach frei in der Luft hin und her schwingen. Hierbei gibt es auch einige Fehler, die man unbewusst machen könnte. Hier einige Hinweise, die Sie beachten sollten. Zum Beispiel, um mehr Offenheit auszudrücken, da reichen auch schon die kleinsten Handbewegungen. Anstatt mit dem Zeigefinger auf Ihre PowerPoint-Präsentation zu zeigen, sollte Ihre Hand offen sein. So schaffen Sie mehr Offenheit zum Publikum. Sie wirken somit auch nicht allzu streng. Wie man sich auch vorstellen kann, gibt eine geballte Faust nie gute Anzeichen. Versuchen Sie somit, diese Handzeichen nie für Ihre Präsentation zu verwenden. Neben einer Faust sind auch verschränkte Arme nie von guter Bedeutung. Verschränkte Arme schließen das Publikum nicht ein, sondern lassen sich die Zuhörer wie vor einer Wand fühlen. Der Zuhörer wendet sich bei so einer Haltung ab.

Tipp 5: Kennen Sie das auch? Man dreht ein Bewerbungsvideo und erkennt dann, wie man die eigene Haltung, Stimme oder Gestik in solchen Situationen benutzt. Durch solch ein Video erkennt man oft erst seine eigenen Fehler. Dies kann schon einmal abschreckend sein. Eine Videoanalyse von sich selbst hilft einem viel mehr, sich mit seinen Fehlern zu konfrontieren. Manchmal stellt man sich viel professioneller beim Präsentieren vor, als man wirklich ist. Solch eine Analyse kann viel effektiver sein als ein Training vor dem Spiegel. Vor dem Spiegel hat man keine festgehaltene

Aufnahme, sondern man korrigiert sich nur für den Moment.

Probieren Sie diese Variante der Videoanalyse doch selbst mal aus! Nehmen Sie ruhig Ihre Präsentation bzw. Rede per Video auf, um Ihre Gestik, Mimik, Aussprache und Körperhaltung genauer unter die Lupe zu nehmen. Diese Variante können Sie auch mit einem einfachen Audioaufnahmegerät führen, um Ihren Text, Ihre Aussprache, Ihre Stimme und Ihre Versprecher zu analysieren. Die Audiovariante ist für die Leute empfehlenswert, die sich mit Ihrer Körpersprache schon recht sicher fühlen.

Durch solche Analysen kann man die eigenen Fehler ermitteln und diese dann durch mehrmaliges Ansehen so einstudieren, dass diese trainiert werden und nicht wieder geschehen. Ihre Aufnahmen können Sie mehrfach wiederholen, bis Sie mit der jeweiligen Aufnahme zufrieden sind. Die perfekte Aufnahme sollten Sie sich ebenfalls mehrmals anschauen und einstudieren, so verankern Sie diese Art der Präsentation für Ihre zukünftigen Vorträge. Im Nachhinein werden Sie fehlerfrei auftreten können. Und auch im Alltagsgespräch werden Sie diese Analysen verankert haben und einwandfrei umsetzen.

Tipp 6: Die Stimme trainieren. Wenn die Nervosität einen einfängt, so zittert ungewollt die Stimme, denn die Atemwege sind gehemmt und man bekommt direkt sehr schwer Luft.

Gegen die zittrige Stimme helfen zum Beispiel Übungen für die Stimmbänder. Nun werden Ihnen einige Übungen vorgestellt: Die Stimmlippen sollten möglichst entspannt sein vor Ihrer Rede. Eine Übung wäre zum Beispiel, dass Sie mit geschlossenem Mund versuchen zu gähnen. Eine weitere Übung hierzu ist, dass Sie Ihre Zunge lockern, um Versprecher zu vermeiden und Ihre Wörter viel besser artikulieren können. Die Übung erfolgt damit, dass Sie die Buchstaben Ü und I mit geschlossenem Mund versuchen auszusprechen und dabei möglichst Ihre Zunge im Mund zum Einsatz bringen, indem Sie Ihre Zunge gegen Ihren Gaumen oder Vorderzähne drücken.

Für die Atemübungen werden Ihnen ebenfalls nun einige Übungen angeboten, wie zum Beispiel, dass Sie einen besonderen Teil Ihrer Rede oder Ihrer Präsentation laut vorlesen und dabei insbesondere auf die Atemzüge und Pausen achten.

Nun zu den Atemzügen bzw. Pausen: Nach ca. 5 Wörtern wird eine Atempause eingesetzt, so führen Sie Ihre Rede bis zum Ende durch. Bei der Wiederholung wird nun nach jedem 4. Wort eine Pause eingesetzt, dies führen Sie auch bis zum Ende fort. Bei der dritten Runde setzen Sie Ihre Pausen nach jedem dritten Wort an und führen Ihre Rede zu Ende durch. Bei Ihrer letzten Runde werden Sie merken, dass Sie mehrere Atemzüge durchführen und Ihre Atemzüge schneller werden. Ihre Empfindungen werden denen entsprechen, die Sie auch bei Lampenfieber empfinden. Die Atemzüge werden auch unter solchen Bedingungen schneller und öfter. Sie trainieren, eine Rede auch unter schwierigen Bedingungen führen zu können. Sie werden erlernen, Ihre Atemzüge Ihrer Geschwindigkeit der Rede und Emotionen anzupassen, sodass Sie eine gelungene Rede weiterführen können.

Eine weitere Übung, die ich Ihnen vorstellen möchte, um Ihre Atmung trotz Ihrer Nervosität kontrollieren zu können: Nervosität bringt jemanden dazu, den eigenen Text schneller zu lesen. Eine Übung ist somit, dass Sie Ihren Text mehrmals laut vorlesen. Sie werden merken, dass Sie automatisch auf die Sprechweise der Wörter und auf die Pauseneinsetzungen achten und somit automatisch langsam sprechen werden. Ein lautes Vorlesen trainiert Ihre Mundmuskeln und Ihre Stimmbänder. Ihr Sprachklang durch ein lautes Vorlesen und dabei laut zu artikulieren, verbessert

Ihren Stimmklang. Sie lernen, Ihre Artikulation sowohl bei leiser als auch bei lauter Stimme beizubehalten. Es ist nicht einfach, die Atmung bei einem zu flüsternden Text unter Kontrolle zu halten.

Hier ist eine Schrittfolge vorgegeben, welche Sie für die Übungen nutzen können:

Man soll erst mal den Text für sich einfach laut lesen, ohne dabei nachzudenken. Dabei wird man schon einige Passagen merken, wo Sie leider stocken. Doch lesen Sie an diesen Stellen einfach weiter.

Beim zweiten Durchlauf sollten Sie nun Ihre Aufmerksamkeit ebenfalls auf die Zeichensetzung legen. Bei den Zeichensetzungen werden Sie Ihre Betonungen ändern müssen und somit müssten Sie vielleicht eine Pause einbauen oder eine Erhöhung der Stimme bei einem Fragezeichen einbringen. Achten Sie darauf, nicht die letzten Silben zu verschlucken und die Satzenden richtig zu betonen. Es sollen keine hohen Betonungen stattfinden, wenn der Satz mit einem Punkt endet. Achten Sie auf Ihre Bauchatmung. Der Fokus wird auf die Bauchatmung gesetzt, Sie sollten nach dieser Übung schon einen Unterschied feststellen können. Solche Übungen sind auch effektiver, wenn sie öfter wiederholt werden.

Tipp 7: Das Outfit ist ebenfalls besonders wichtig. Man sollte auf die Atmosphäre und das Publikum achten, wo man seine Rede und Präsentation halten wird. Es ist auch wichtig, über sich selbst zu wissen, in welchem Status Sie sich Ihrem Gegenüber aufzeigen möchten. Je nach dem Seriositätsgrad sollte man zum Anzug tendieren. Bei einem einfachen Klassenreferat sollte eine einfache, ordentliche Kleidung ausreichen. Besonders „Casual" kommt bei Vorträgen immer gut an. Achten Sie hierbei viel mehr darauf, dass Sie Fehler wie offene Knöpfe oder Flecken vermeiden. All diese Pannen Ihnen lieber nicht passieren. Besonders bei wichtigen Präsentationen achtet man auch auf die Farbauswahl der Kleidungsstücke. Tendieren Sie bei der Farbauswahl auf symbolische Farben, die in ihren Umständen etwas zum Ausdruck bringen. Zum Beispiel Farben, die unangenehm ins Auge stechen, sollten möglichst nicht verwendet werden. Tendieren Sie lieber zu angenehmen, soften Farben. Wichtig ist es, eine Farbe zu wählen, die mit Ihrem Hintergrund harmoniert und vielleicht in einem Kontrast steht. Sie sollten möglichst nicht im Hintergrund verschwinden.

Diese Übungen helfen nicht nur, sich bei organisierten Reden zurechtzufinden, sondern auch bei spontanen Reden oder Gesprächen im Alltag. Sie sind dann

mit Ihrer Körpersprache und Stimme bestens vorbereitet.

KLEINE GESCHICHTE ALS BEISPIEL ZUR PRAKTISCHEN UMSETZUNG

Max Mustermann muss eine Präsentation an seiner
Universität halten. Auch im Alltag ist Max nicht besonders gesprächig, doch besonders bei Reden und Präsentationen vor anderen kriegt er Lampenfieber und hat
einen Frosch im Hals. Max weiß nicht, wo und wie er
seine Präsentation anfangen sollte. Er weiß, dass er
nicht perfekt in solchen Präsentationen ist. Was er nun
tun möchte, ist, sich gut vorzubereiten und besonders
seine Schwächen herauszufinden. Selbstkritisch zu
sein, ist das A und O. Nun ran ans Zeug. Max hat sich
an seinen Schreibtisch gesetzt und denkt über sich
selbstkritisch nach. Eine Selbstkritik, die er ganz groß-
schreibt, ist sein Zu-Spät-Dran-Sein, besonders bei
schulischen Aufgaben. Er weiß, dass er sich früh an die
Vorbereitungen machen muss, denn die Vorbereitung
ist, wie Oben bereits erwähnt, die halbe Miete.

Eine weitere Kritik, die er sich selbst zuschreibt,
ist es auch, dass er oft leere Sätze bildet. Doch Max

weiß noch nicht, dass diese aufgrund seiner wenigen Vorbereitung entstehen.

Dies sollte er nun verbessern. Er denkt über sein Auftreten in solchen Reden nach. Er würde gern öfter viel selbstbewusster wirken, doch seine Körperhaltung, die er darbietet, entspricht oft nicht dem, wie er es sich wünschen würde.

Max denkt sich, dass er nicht so viele Fehler macht. Doch er möchte nun sichergehen, ruft seine besten Freunde an und lädt Sie zu sich ein. Er bittet seine Freunde, ihm möglichst aufmerksam zuzuhören und eine ehrliche Kritik bezüglich seiner Körperspra-che, Stimme und Textinhalt zu geben. Max hat sich den Tag davor einen Gegenstand von seinem Zimmer her-ausgesucht, worüber er eine kurze Rede vorbereitet hat. Diese Rede trägt er nun seinen Freunden vor und wartet auf deren Meinung. Die Freunde sind sich recht einig. Er bildet weiterhin leere Sätze und steht buckelig vor seinen Zuhörern. Er verleiht den Zuhörern leider das Gefühl, als ob er gern woanders wäre. Die Unsi-cherheit bringt Max dazu, dass er seinen Text anfängt abzulesen und nicht noch zusätzlich auf seine Körper-haltung achtet. Doch nun muss Max aus seinen Fehlern lernen. Er muss sein Training bezüglich seiner Fehler starten und diese dann umsetzen.

Er macht seinen Textteil für die Rede bereit, recherchiert viel über seinen Inhalt und versucht, seinen Text möglichst gut einzustudieren. Max tut sich jedoch schwer, wenn er etwas auswendig lernen muss. Diesmal versucht er es damit, dass er seinen Text auch möglichst gut versteht und sich mit dem Thema auskennt. Dadurch trägt er seine Rede nicht einfach auswendig gelernt vor, sondern teilt viel mehr sein Wissen mit den anderen. Seinen Text spricht er in Audioaufnahmen ein und hört sich diese dann mehrmals an. Nur so kann er ganz genau seine Versprecher heraushören und diese dann auch korrigieren. Seinen erneuten Auftritt vor seinen Freunden plant Max erst dann durchzuführen, wenn er mit seiner Audioaufnahme zufrieden ist.

Nicht nur die Übung mit der Audioaufnahme möchte Max zum Trainieren durchführen, sondern er traut sich auch an die Spiegel-Übung heran. Die Spiegel-Übung soll ihm mehr Bewusstsein über seine Körperhaltung verleihen.

Max übt jeden Tag bis zur Präsentation vor dem Spiegel, um seine Haltung möglichst aufrecht zu halten. Er möchte von seiner buckeligen Haltung wegkommen und Selbstsicherheit ausstrahlen. Beine hüftbreit stehen, Schultern aufrecht halten und einen direkten Augenkontakt vom Papier abgewandt zum Publikum, also somit in den Spiegel. Max achtet darauf, möglichst frei zu sprechen, dies würde ihm somit nur gelingen, wenn er seinen Text aufsagen kann, während er sich im Spiegel anschaut.

Doch manchmal schaut er ungewollt auf seine Karten und kann sich gar nicht mehr erinnern, wie seine Haltung währenddessen vor dem Spiegel war. Um dem zu entgehen, möchte er sich mit der Kamera zusätzlich aufnehmen. Max setzt sich nach seiner Präsentation hin und versucht, sein Aufnahmevideo zu analysieren. Nun konnte er auch seine Körperhaltung jedes Mal aufs Neue anschauen und sich erneut korrigieren, bis er auch hierbei ein perfektes Video aufzeichnen kann. Durch die Analyse der Videoaufnahmen und die vorige Audioaufnahme hat Max seine Fehler klar erkennen können. Max hat sich selbst gut einstudiert und hat seine Körpersprache erlernen und auch an seiner Rhetorik feilen können. Nun ist er auch bereit, seine Rede vor seinen Freunden im vollen Programm zu präsentieren. Erst jetzt wird er sich selbst herausfordern und schauen, ob seine Übungen ihm auch etwas gebracht haben, denn es sind dieselben Freunde, die ihm auch zu Beginn dieselbe Kritik geäußert haben.

Max tritt viel selbstbewusster mit seiner Körperhaltung auf und durch die Sicherheit in seinem Text kann er auch seinen Blickkontakt zu seinen Zuschauern bewahren. Die Vorbereitungen mit seinen Freunden Max für die eigentliche Rede sehr gut vorbereitet, somit fühlt er sich sicherer und reflektierter.

Einen Tag vor der Präsentation sucht er sich seine Kleidung heraus, die er bei seiner Präsentation tragen wird. Sein PowerPoint ist beige gehalten.

Es ist eine wissenschaftliche Arbeit, die er vor seinen Professoren präsentieren wird, weshalb er zu einem Bordeaux-farbigen Anzug tendiert. Die Zuhörer und die Professoren sind sich oft der Bedeutungen der Farben bewusst und achten aufgrund dessen besonders auf die Farbwahl. Beige und Bordeaux passen sehr gut zusammen und stören sich gegenseitig nicht. Die Rottöne sind immer ein Hingucker und drücken Leidenschaftlichkeit und dynamisches Handeln aus.

Max hat sich nun bestens vorbereitet und ist bereit für seine Präsentationen.

WAS TUN, WENN ETWAS MISSLINGT

Oh nein, habe ich mich versprochen? Probleme sind nicht immer zu vermeiden bei einer Rede. Besonders, wenn man nervös ist, können Versprecher immer schneller und öfter erfolgen. Doch die Kunst liegt darin, sich diese Schlamassel nicht anmerken zu lassen und sich da schnell wieder herauszureden oder einfach fortzufahren und gar nicht auf den Versprecher zu beharren. Kurz gefasst: Ignorieren Sie Ihren kleinen Versprecher.

Fehler während einer Rede sind sehr unangenehme Momente. Dies kann man nicht leugnen. Einen Plan B in der Tasche zu haben, beruhigt Ihre Gedanken vor einem kompletten Ausfall. Na, gehören Sie zu den Menschen, die schnell panisch reagieren oder sind Sie der Pokerface-Typ?

Schlamassel 1: Ups, zwei ähnliche Wörter wurden über die ganze Präsentation hinweg vertauscht! Solch ein Fehler sollte Ihnen möglichst nicht vorkommen, denn dies erweckt den Eindruck, dass Sie nicht Ihre hundertprozentige Aufmerksamkeit in Ihre Präsentation einbringen. Solche Momente fallen dem Redner erst dann auf, wenn er mitten in seiner Präsentation ist oder wenn er die Präsentation bereits hinter sich hat. In diesen Fällen ist es ratsam, sich direkt zu Beginn des nächsten Kapitels oder gegen Ende Ihrer Präsentation zu korrigieren und zuzugeben, welches Wort Sie leider vertauscht haben. Die Richtigstellung Ihrer Fehler ist besonders wichtig, damit Sie Ihre Zuhörer nicht verwirren. Eine Korrektur im Übergang zum nächsten Kapitel verschafft dem Zuhörer weiterhin die Möglichkeit, einen Überblick über Ihren Inhalt zu bewahren. Wenn Sie sich zwischen Ihren Sätzen korrigieren, werden die Zuhörer erst einmal von Ihrem Text abschweifen und leider die Aufmerksamkeit verlieren. Es ist zusätzlich empfehlenswert, diese Korrektur auf einer Tafel, falls es möglich ist, festzuhalten. Leider wird es nämlich immer jemanden geben, der oder die diese Korrektur überhören wird. Durch die Notiz an der Tafel sind die Zuhörer auch für die weiteren Folien aufgeklärt, welches Wort falsch erwähnt wurde. Wie bereits erwähnt, wird diese Art von Fehlern nie gern gesehen. Doch es ist eine positive Sache, dass Sie Ihren Fehler noch frühzeitig bemerken und dies dann auch korrigieren. Im Alltag passiert es uns allen auch schon mal, dass wir die falschen Wörter an der falschen Stelle verwenden. Wenn man Glück hat, wird man auf die

Fehler aufmerksam gemacht. Man kann das Gespräch im Alltag einfach fortsetzen.

Schlamassel 2: Ein Blackout. Jedem Menschen kann trotz einer guten Vorbereitung ein Blackout geschehen. Dies passiert aufgrund der inneren Anspannung, die man trotz allem Training zu Beginn nicht bekämpfen kann. In diesen Fällen ist der Körper wie erstarrt, da Sie sich bewusst sind, dass Sie einen Blackout haben werden. Unter solchen Umständen ist es sinnvoll, sich zu outen und offen zuzugeben, wie Sie gerade empfinden. Sie sagen dann frei heraus, dass Sie gerade einen Blackout haben und sich die Minute nehmen müssen. Man könnte in dem Moment so etwas sagen wie: „Nun ist mir doch passiert, was man sich als Redner nicht gewünscht hätte. Ich habe leider einen Blackout. Um diesen schönen Moment fortzusetzen, bitte ich Sie um eine Ihrer wertvollen Minuten, um mich wieder sortieren zu können."

Im Endeffekt sammelt man sich in der Minute wieder oder man wirft noch einen Blick auf die Rede, die man auch sicherheitshalber immer bei sich tragen sollte. Spätestens nach dem Blick auf die Rede schafft man es, sich wieder zu sammeln.

Solche Blackout-Momente sind auch im Alltag üblich. Jeder Mensch verliert oft in alltäglichen Gesprächen den roten Faden und vergisst schnell, was er oder sie zuletzt gesagt hatte oder noch sagen möchte. Also Kopf hoch und bleiben Sie weiterhin motiviert.

Schlamassel 3: Technische Störungen können auch in jeder Präsentation stattfinden. Die Redekunst hilft dabei, die Aufmerksamkeit der Zuhörer nicht zu verlieren und die Konzentration aufrechtzuerhalten. Versuchen Sie, den Zuhörern Humor und Kontrolle zu signalisieren. Dazu möchte ich Ihnen ein Beispiel zeigen: ein Bildausfall während Ihrer Präsentation an Ihrer Universität. Zum Beispiel könnten Sie einen Witz machen, um die Atmosphäre wieder zu lockern. Ihr Witz könnte lauten: „Entweder ist da ein Bild, was ab 18 Jahren ist, oder ich habe technische Schwierigkeiten." Sie sollten Ihren Witz den Zuhörern möglichst anpassen. Bei Jugendlichen sollten keine Witze erfolgen, die mit einem Humor ab 18 gelten.

Des Weiteren kann das Publikum durch die langen Reden davor und die dicke Luft im Raum keine Konzentration mehr aufbringen. Den Schülern kann durch das Sitzen die Puste ausgehen. Es ist wichtig, einige weitere Tipps in solchen Situationen zu kennen, um wieder die Aufmerksamkeit des Publikums zu erlangen.

Zum Beispiel wirken Redepausen unter solchen Umständen sehr überraschend. Sie helfen, das Publikum wieder wachzurütteln und Ihrer Rede wieder die Aufmerksamkeit zu widmen. Eine unerwartete Stille im Raum lässt die Blicke der Zuhörer wieder nach vorn zum Pult richten, weil dies bei einer Rede selten vorkommt.

Man kann auch die Stimme als ein Hilfsmittel nutzen, um noch mehr Aufmerksamkeit vom Publikum zu erlangen. Dieser Tipp hilft dem Redner besonders bei lauten Außengeräuschen. Beachten Sie, dass, wenn die Außengeräusche zu laut sind, Sie versuchen sollten, Ihre Lautstärke nicht zu erhöhen, sondern in Ihrem Ton zu verbleiben, denn je mehr Sie Ihre Lautstärke erhöhen, desto mehr versuchen auch die Zuhörer, Ihre Gespräche lauter durchzuführen. Das Publikum wird sich dadurch immer mehr von Ihnen abwenden.

Und wenn Sie trotz aller Mühe dennoch nicht die Aufmerksamkeit Ihrer Zuhörer erlangen können, dann haben Sie das Recht, das Publikum in angenehmer Tonlage um Ruhe zu bitten. Dies können Sie auch ein weiteres Mal wiederholen. Ich empfehle Ihnen, dies nur zweimal durchzuführen.

Wenn die ganzen Mühen scheitern, sollten Sie dennoch weiterhin Ruhe bewahren. Achten Sie auf Ihre Gestik und Mimik, sodass Sie sich Ihre Anspannung aufgrund der Unruhe nicht anmerken lassen. Bei so einer Unruhe sollten Sie schnell handeln und versuchen, Ihre Rede etwas kürzer zu fassen als geplant. Ein abruptes Ende sollte es jedoch auch nicht sein, wie bereits erwähnt, ist das Ende auch ausschlaggebend. Das Ende sollte wie geplant erscheinen.

Unter vielen Umständen kann die Redekunst dazu beitragen, die Situationen zu lockern. Die Wortwahl und das gewisse Etwas machen die Gespräche lebendig und lassen die meisten Situationen mit Humor aufnehmen.

Schlagfertigkeit

WIE SCHLAGFERTIG SIND SIE?

Die Redekunst hat man nun erlernt. Doch dies bedeutet noch lange nicht, dass man auch schlagfertig ist. Eine Kommunikation zu führen und sich an die Gespräche anzupassen, ist eine erlernte Kunst. Doch was tut man, wenn die Situation unangenehmer wird? Wie sollte man dem Gesprächspartner entgegenwirken? Wissen Sie immer genau, wie Sie antworten sollten, wenn jemand mal die Grenzen überschreitet? Solche Situationen sind nicht immer unüblich, sei es im Alltag oder im beruflichen Leben. Ob vor Ihnen der Arbeitgeber steht oder auch eine alte Bekannte, zu wissen, wie man mal bei unangenehmen Gesprächen kontert, sollte für jeden möglich sein.

Zunächst möchten wir Sie dazu bringen, sich über Ihre eigene Schlagfertigkeit Gedanken zu machen. Es ist immer gut zu wissen, wie man sich selbst einstuft und wie auch Ihr Bekanntenkreis Sie einstufen würde. Dazu ist es am sinnvollsten, ein Fremdbild und ein Selbstbild zu erstellen, wodurch man sich dann über seine Schlagfertigkeit klar werden kann.

Es gibt mehrere Fragen, die man sich selbst stellen kann, um herauszufinden, wie schlagfertig man ist und was für ein Charakter man in solchen unangenehmen Situationen aufweist. Einige Menschen ziehen sich in solchen Situationen eher zurück und schweigen lieber. Die anderen wiederum sind eher überfordert und wissen auch selbst nicht, wie sie in solchen Situationen kontern sollen. Da fallen ihnen die Konter-Möglichkeiten erst im Nachhinein der Situation ein. Solche Fälle sind nicht allzu tragisch, denn dies zeigt wenigstens, dass sie nur eine Schale zu überwinden haben und ihre Schlagfertigkeit eigentlich vorhanden ist. Zu guter Letzt gibt es noch die Situation, wo Sie leider keine Wörter finden, um eine Reaktion geben zu können. Viele Menschen sind überfordert und finden sich in solchen Umständen leider nicht zurecht. Oft liegt es daran, dass Sie perplex reagieren, diese Aktion von ihren Mitmenschen nicht erwartet hätten und dies Sie somit sprachlos macht. Doch Sprachlosigkeit wird durch dieses Kapitel nun beiseitegelegt! Sie schaffen aus auch auf die Argumente und Begründungen entgegenzuwirken. Sie werden selbst feststellen, wie befreiend es auch sein kann, in dem Augenblick Ihre Gedanken Ihrem Gesprächspartner geschildert zu haben.

Schlagfertigkeit muss gut abgewogen werden, wann und wo man sie einsetzt. Jeder Mensch sollte seine Worte gut abwägen. Impulsive Menschen können auch schon bei kleinsten Unannehmlichkeiten zu großen Streitigkeiten neigen. Die Impulsivität sollte ebenfalls möglichst vermieden werden, Sie sonst ihre Gesprächspartner bzw. Mitmenschen ihre Meinungen neben Ihnen verschweigen könnten. Eine lockere, freundschaftliche Atmosphäre könnte dadurch nicht gebildet werden.

Menschen, die schlagfertig sind, sind auch im Alltag gesprächig und können den Gesprächen ihrer Mitmenschen gut folgen.

Sie können sich Geschehnisse und das Gesagte gut einprägen, weshalb sie ihre Schlagfertigkeit durch ihr Wissen zum Einsatz bringen können. Ebenfalls bedarf es Kreativität, um situationsbedingt auch humorvoll kontern zu können.

Die letzte Variante der Schlagfertigkeit ist die Ausgewogenheit zwischen Ruhe und Schlagfertigkeit. Die Ruhe zu bewahren, verschafft Ihnen einen Vorteil darin, dass Sie stets Ihre Antworten überlegt gegeben werden. Sie haben sicher auch ein Talent dafür, Ruhe und Ausgewogenheit beizubehalten bei Unannehmlichkeiten.

Sie meinen, Sie haben sich in dem einen Punkt wieder gefunden? Ja oder Nein? Wenn nicht, dann helfe ich Ihnen mit einigen der unten genannten Fragen weiter. Sie können sich durch diese Fragen ein Selbstbild verschaffen und Ihre Schlagfertigkeit unter die Lupe nehmen. Doch Vorsicht! Es handelt sich um die Kommunikation mit Ihren Mitmenschen in unangenehmen Situationen. Was sollte man also beachten? Genau. Sie brauchen auch ein Fremdbild, denn Kommunikation besteht aus zwei Seiten. Lassen Sie doch mal Ihre Freunde ebenfalls diese Fragen über Sie beantworten und vergleichen Sie am Ende Ihr Selbstbild und Fremdbild. Sie vermeiden dadurch, dass Sie sich bei den Fragen vielleicht falsch einschätzen. Ich wette mit Ihnen, nach diesem Vergleich werden Sie ein klares Bild zu Ihrer Schlagfertigkeit erlangen.

Hier sind die Fragen für Ihr Selbst- und Fremdbild aufgelistet:

Wie schlagfertig schätzen Sie sich ein?
Geben Sie sich eine Schulnote von 1 bis 6.

Wissen Sie immer, wie Sie Ihren Mitmenschen zu antworten haben?

Was tun Sie, wenn Ihnen etwas Peinliches passiert?

Kommen Sie schnell in ein Gespräch, sei es mit Fremden oder Bekannten?

Wie verhalten Sie sich gegenüber Fremden in unangenehmen Situationen?

Können Sie in Diskussionen oder Streitigkeiten knallhart antworten oder geben Sie eher nach?

Machen Sie Witze über andere oder können Sie Witze über sich erlauben?

Halten Sie sich eher zurück oder mögen Sie es auch, im Fokus zu stehen?

Ist es Ihnen wichtig, ob andere über Sie reden oder eher nicht?

Achten Sie darauf, wie andere vielleicht über Sie reden könnten?

Ist es Ihnen wichtig, für die Gerechtigkeit anderer zu kämpfen?

Ziehen Sie sich bei Streitigkeiten eher zurück?

Fühlen Sie sich oft unbeachtet?

Geben Sie in Diskussionen eher nach?

Kann man Sie leicht überreden?

Passen Sie sich eher anderen an oder sind Sie individuell?

Ist Ihnen Anerkennung wichtig?

Haben Sie nun alle Fragen beantworten können und Ihr Selbstbild und Fremdbild verglichen? So haben Sie und Ihr Gesprächspartner nun mehr über Ihre Schlagfertigkeit erfahren. Eine der bereits oben genannten Varianten wird mit Ihnen sicher übereinstimmen. Schlagfertig, aber zu impulsiv? Oder lieber doch in Ihrer Schale versteckt? Ich hoffe nun, dass Sie nicht Ihre Schultern allzu sehr hängen lassen, falls Sie ein Ergebnis erlangt haben, was Ihren Vorstellungen leider nicht entsprach. Sehen Sie das Positive! Nun wissen Sie mehr über sich Bescheid und würden sich selbst schonend bei der nächsten Unannehmlichkeit einen Ruck geben, um nicht zu schweigen. Doch diese Motivation sollte Sie auch nicht dazu bringen, dies nun auszuprobieren und Ihren Mitmenschen aus dem Nichts zu kontern. Bewahren Sie Ruhe.

Im nächsten Abschnitt werden Sie nun mehr erfahren, wie Sie sich Ihre Schlagfertigkeit durch das Verschwinden Ihrer Hemmungen aneignen können.

Als Tipp: Sie können auch durch mehrere Online-Tests Ihre Schlagfertigkeit testen und ermitteln.

EMOTIONEN, DIE ZU HEMMUNGEN FÜHREN

Menschen sind immer unterschiedlich. Besonders Emotionen lassen uns hin und her steuern und in unserem Verhalten lenken. Schüchternheit, Ängstlichkeit, Befangenheit, Verschämtheit, Zurückhaltung, Unsicherheit und Gehemmtheit etc. sind Emotionen, die den Menschen auch davon abhalten, seinen Standpunkt zu verteidigen.

Wenn Sie sich auch in unangenehmen Situationen in einem der oben genannten Gefühlszustände befinden, dann sollten Sie sich lieber antrainieren, diese Zustände in Schlagfertigkeiten umzuwandeln. Sie sollten sich nicht hemmen lassen. Oft spricht man sich Sätze ein, um ihre eigene Schlagfertigkeit zu hemmen und still zu bleiben. Sie halten sich selbst zurück.

Man redet sich oft ein, wie zum Beispiel, dass man es jedem mit seinem Verhalten gerecht machen muss und somit auch jedem gefallen müsse.

Um sich diesen Satz nicht einreden zu müssen, müssen Sie anfangen, sich selbst zu lieben. Natürlich ist es wichtig, dass man Kontakte knüpft und sich auch mit diesen Kontakten so gut wie möglich versteht. Doch vorsichtig: Sie müssen sich nur selbst gefallen. Das allein zählt! Die Stille, die Sie sich selbst auferlegen, wird nichts dazu beitragen, dass Sie anderen Menschen gefallen werden. Sie allein werden sich schlecht fühlen, wenn Sie in wichtigen Situationen nicht agieren. Und jeder soll Sie doch so mögen, so wie Sie auch sind. Solange Sie Ihren Respekt und Höflichkeit beibehalten, ist Ihnen jede schlagfertige Antwort erlaubt.

Solche Ängste oder die Bedürfnisse, jedem und allen gerecht zu werden, entstehen auch oft dadurch, dass Sie in Ihrer eigenen Erziehung, also in Ihrer Kindheit, sich bemühten, Liebe und Aufmerksamkeit zu kriegen oder dass es bei Ihnen an Liebe und Aufmerksamkeit mangelte. Nun versuchen Sie, sich im Erwachsenenalter Liebe und Aufmerksamkeit durch Ihre Schlagfertigkeit zu erkämpfen, was metaphorisch gemeint ist.

Doch das, was in der Vergangenheit war, muss nicht heute weiterlaufen. Sie bauen allein Ihr Leben auf. Sie sind stark genug, so geliebt zu werden, wie Sie jetzt sind. Und dies sollten Sie sich auch öfter selbst sagen.

Jeder Mensch wird durch andere Menschen gemocht oder nicht. Auch, wenn Sie sich zurückziehen und sich nicht äußern, wird es Menschen geben, die Sie mit Ihrem Schweigen mögen werden oder nicht. Und auch, wenn Sie sich mit Höflichkeit und Anstand wehren, wird es Menschen geben, die Sie mit Ihrer Schlagfertigkeit mögen werden oder nicht. Und besonders in Momenten, in denen Sie Ihre Schlagfertigkeit aufzeigen und Ihre Stärke beweisen, werden mehr Menschen Ihnen folgen. Allein Ihre Ausgeglichenheit zählt.

Ein weiterer Satz, den man sich oft einzureden versucht, ist, **dass man still sein muss und nicht das Recht hat, zu widersprechen**. Diese Mentalität besitzen oft Menschen, die streng erzogen wurden, aber leider in einer strengen und psychisch schädigenden Weise, sodass die Person nun denkt, dass sie nicht das Recht hat, das letzte Wort zu haben. Eine Erziehung mit herrischer Stimmlage der Eltern kann das Kind so heranwachsen lassen, dass es sich bei solchen Befehlen nicht zu wehren weiß. Die Person sieht sich darin diesem Befehl folgen zu müssen. Ihre Schlagfertigkeit existiert oftmals in schwierigen Situationen nicht. Andersherum kann die gleiche Erziehung auch wiederum bewirken, dass das Kind zu Hause seine Meinung nicht frei aussprechen konnte und nun dies im Erwachsenenalter regelrecht austobt. Sie reagieren selbst bei Kleinigkeiten zu impulsiv, weshalb sie ihre Mitmenschen verscheuchen. Die Mitmenschen können die Reaktion der Person nicht einschätzen und vermeiden die Kommunikation.

Psychische Eigenschaften sind nicht leicht zu beheben und werden oft auch mit psychologischen Ärzten beseitigt bzw. bekämpft, wenn die Hemmungen auf der Vergangenheit beruhen.

Denken Sie an das Grundgesetz Artikel 5 Absatz 1: „Jeder hat das Recht, seine Meinung in Wort, Schrift und Bild frei zu äußern und zu verbreiten und sich aus allgemein zugänglichen Quellen ungehindert zu unterrichten."

Emotionen können in vielen Momenten dazu beitragen, dass man sich dem Gegenüber unterwirft. Sie allein können darüber entscheiden, welchem Status Sie sich Ihrem Gegenüber zuordnen und auch sich selbst zuordnen lassen. Ich möchte Ihnen mit einem Beispiel meine Worte etwas genauer schildern:

Ihr Chef ist in Ihrem Beruf die Autoritätsperson, doch auch er muss sich im Klaren sein, auf welche Wortwahl er bei Ihnen achten muss. Auch Ihr Chef muss sich daran halten, Ihnen mit Respekt und Höflichkeit zu antworten. Ihr Status „Arbeitnehmer" lässt Sie in diesen Situationen abhängig werden. Ihre Abhängigkeit zeigen Sie ihm damit, dass Sie Ihre Meinung lieber für sich behalten. Doch wie werden Sie nun diesen Satz **„Ich muss still sein und darf nicht antworten."** los?

Sie werden diesen Satz erst dann los, wenn Sie anfangen, sich auch unabhängig zu fühlen. Sie dürfen sich anderen nicht anpassen. Seien Sie stets Sie selbst. Schauen Sie sich von Kopf bis Fuß im Spiegel an und denken Sie über Momente nach, in denen Sie sich Ihren Mitmenschen anpassen und auf Ihre eigenen Wünsche verzichten. Ihre Meinung legen Sie in den Hintergrund und platzieren die Meinung anderer im Vordergrund.

Die Welt ist groß und die Menschen sind verschieden. Niemand muss wie der andere sein. Der Alltag lässt in vielen Situationen die verschiedensten Menschen zusammentreffen. Es gibt Menschen, die sehr reich sind, und es gibt Menschen, die gebildet sind. Jeder ist anders. Jeder Mensch trifft seine eigene Entscheidung und sollte seine eigene Meinung äußern.

Nur Mut! Trauen Sie sich, Ihre Entscheidungen überall vertreten zu können und dies mit Begründungen und Argumenten zu belegen. Seien Sie sich und Ihren eigenen Erwartungen treu.

Besonders diesen Satz, den ich Ihnen nun schildern möchte, redet man sich am häufigsten ein. Man redet sich ein, **dass man sowieso nichts bewirken könne, wenn man sich äußere.**

Jede Meinung zählt und kann bei den Mitmenschen etwas bewirken. Sie können einen wesentlichen Punkt nennen, der die Gedanken der anderen übertrumpft. Sie allein sollten sich selbst wehren und Ihren Standpunkt vertreten. Selbst die Aussage „Ja, ich stimme Max Mustermann bei seiner Argumentation zu", zeugt von Überzeugung und stellt einer klaren Entscheidung dar. Und dies sollte auch in Unannehmlichkeiten im Alltag erfolgen. Ihre Schlagfertigkeit zeigt Ihre Aufmerksamkeit und Ihre Intelligenz. Sie sind nicht „Mister oder Miss Nobody", über die andere sich erlauben können, zu sagen, was sie wollen. Sie sind Ihr eigener Beschützer und sollten sich mit Ihren Wörtern zu wehren wissen.

Der Gedanke, nichts bewirken zu können, nimmt Ihnen die Lebensfreude weg. Dieses passive Handeln überlässt anderen die Möglichkeit, auch über Sie und

Ihre Wünsche zu entscheiden. Lassen Sie dies nicht zu! Überlassen Sie nichts dem Glück und ergeben Sie sich nicht Ihrem Schicksal, denn dies sind die Gedanken, die hinter dem Satz „Ich kann sowieso nichts bewirken, wenn ich mich äußere" stecken. Seien Sie keine Nebenrolle in Ihrem eigenen Leben. Stellen Sie sich selbst in den Fokus bzw. in das Rampenlicht. Ihr Leben ist Ihr eigener Film. Nehmen Sie Ihre Verantwortungen auf sich, um Ihr Leben zu verschönern. Nur der Wille zählt, um ein Licht ins Dunkle zu bringen. Seien Sie bereit, sich mit Ihren Ängsten zu konfrontieren und etwas Neues zu erfahren. Nur Sie allein können in Ihrem Leben etwas verändern.

Solche und zahlreiche andere Sätze, wie man sich der Situation anpasst, um einen Rückzieher machen zu können, verinnerlicht man oft und bleibt starr in Unannehmlichkeiten.

Es ist wichtig, dass Sie sich auf diesem Weg zur Besserung Ihrer Schlagfertigkeit über Ihre Lebenseinstellung bewusst werden. Nur so können Sie sich von den Sätzen abwenden, die Sie in solchen Unannehmlichkeiten davon abhalten, sich zu wehren.

WERKZEUGE DER SCHLAGFERTIGKEIT

Sie sollten wissen, dass das Erlernen der Schlagfertigkeit ein Lernprinzip ist, was viel Zeit in Anspruch nehmen könnte. Sie wurden in Ihrem Umfeld bis jetzt als vielleicht der/die Stille oder der/die Schwache abgestempelt. Ihre Motivation zu einer Veränderung in die Schlagfertigkeit kann in Ihrem Umfeld für Widerstand sorgen. Ihre Freunde und Ihr Bekanntenkreis sind mit Ihrer Veränderung noch nicht vertraut. Sie werden versuchen, Sie in Ihr altes „Ich" zu drängen. Dies bedeutet, dass Sie umso mehr an Ihrer Veränderung dranbleiben. Ihre Bekannten werden womöglich Ihre Veränderung erst mal nicht ernst nehmen und Sie in Ihrem Verhalten beobachten. Geraten Sie dabei nicht in Panik, sondern setzen Sie Ihre Ziele gekonnt fort.

Sie haben sich nun das Ziel gesetzt, schlagfertiger zu reagieren. Hierbei ist jedoch auch höchste Vorsicht geboten, denn vergessen Sie nicht, die Schlagfertigkeit ist wie ein Kampf – nur mit Wörtern. Sie können diese Schlacht also gewinnen oder auch verlieren. Lernen Sie also, auch mit Niederlagen umgehen zu können. Habe ich Sie nun verschreckt? Bewahren Sie die Ruhe. In diesem Kapitel werden Ihnen nun die Techniken aufgelistet, die Sie antrainieren müssen, um schlagfertiger reagieren zu können.

Technik 1: Körpersprache. Die Körperhaltung spielt auch bei Ihrer Schlagfertigkeit eine Rolle. Machen Sie Ihre Körperhaltung möglichst groß. Nutzen Sie ruhig Ihre Fläche. Stehen Sie möglichst nicht buckelig vor Ihrem Gesprächspartner da, denn so strahlen Sie eine Sicherheit aus und drücken damit aus, dass Sie hinter Ihren Aussagen stehen.

Technik 2: Ihre Gestik und Mimik – halten Sie direkten Blickkontakt zu Ihrem Gesprächspartner. Sie zeigen damit, dass Sie sich nicht einschüchtern lassen und jedes seiner Wörter wahrnehmen. Ebenfalls ist es empfehlenswert, wenn möglich, Ihr Gespräch mit einem Lächeln zu führen, dies zeigt Ihre gutwillige Seite etwas auszusprechen und Ihr Gegenüber nicht böse aufzunehmen.

Hier jedoch Vorsicht! Es kann manchmal vorkommen, dass Ihr höfliches und nettes Lächeln wie eine Belustigung aufgenommen wird, denn diese Strategien werden auch ab und zu als Provokationen in Diskussionen verwendet. Bitte nicht! Seien Sie direkt zu Ihrem Gegenüber.

Technik 3: Standardisierte Sätze – nicht in jeder Situation schafft man es, eine passende Antwort zu finden, um sich zu wehren. In diesen Fällen gibt es einige Sätze, die Sie anwenden können. Ich werde Ihnen nun einige dieser Sätze aufzählen, die Sie einstudieren und erproben können. Je mehr Sie Ihre eigenen Sätze verwenden und auch den Umständen entsprechend anpassen, umso mehr werden Sie eine Wirkung durch Ihren Satz bei Ihrem Gesprächspartner erreichen können.

Beispielsatz 1: „Das hast du wirklich hervorragend gemacht."

Beispielsatz 2: „Ich werde noch mal eine Nacht darüber schlafen müssen."

Beispielsatz 3: „Hast du gerade versucht, ein Gebt zu sprechen, oder wofür die langen Sätze?"

Beispielsatz 4: „Ich habe leider keine Rose für dich."

Beispielsatz 5: „Du kannst doch mehrere Sprachen. Kannst du das Gleiche noch mal auf Französisch sagen?"

Diese Antworten werden entweder mit viel Spaß wahrgenommen oder drehen Ihre Mitmenschen auf 200 Grad offenbereit in die Höhe. Aber als Tipp:

Denken Sie nicht allzu lange über Ihre Antworten nach, denn die schnellen Antworten sind immer am schlagfertigsten.

Technik 4: Humorvoll aufnehmen und reagieren. Wenn jemand versucht, sich über Sie lustig zu machen und Sie in Verlegenheit zu bringen, dann entnehmen Sie ihm diese Möglichkeit. Kontern Sie mit Humor.

Ein Beispiel: „Heute bist du auch nicht ganz dicht, oder?" – Sie: „Ach, stimmt ja, deswegen habe ich auch meine Suppe mit einer Gabel gegessen."

Nutzen Sie Ihre humorvollen Antworten dabei, sich höherzustufen, als das, was Ihr Gesprächspartner eigentlich versucht.
Beispiel: „Bist du immer so abwesend?" – Sie: „Ne, ich blende nur die wichtigen Sachen in mein Leben ein."

Technik 5: Die unangenehmen Fragen mit einer Gummiwand zurückwerfen. Der Gesprächspartner kriegt das zurück, was er auch selbst von sich gibt.

Beispiel: „Du warst auch mal fitter." – Sie: „Sagt der, der keine 5 Treppenstufen schafft."

Technik 6: Sachlichkeit gewinnt immer. Gefällt Ihnen die Aussage Ihres Gesprächspartners, dann seien Sie direkt und sagen dies ihm oder ihr.

Beispiel: „Du hast aber ganz schön zugelegt." – Sie: „Ich habe dir diese Nähe nicht erlaubt, so darüber zu sprechen."

Technik 7: Direkter Angriff. Sagen Sie der Person direkt, was er/sie falsch gesagt hat und, wenn es nötig ist, kritisieren Sie auch zurück. Dies zeigt Ihre Stärke zum Gegenangriff.
Beispiel: „Du hast das da reingelegt." – Sie: „Du hast es nicht mal gesehen, wie kannst du sowas behaupten."
Beispiel: „Du hast das da reingelegt." – Sie: „Wie frech von dir, einfach eine Aussage in die Welt zu setzen. Typisch du."

Technik 8: Zustimmen. Die negativen Aussagen Ihrer Mitmenschen werden direkt stumm geschaltet.

Beispiel: „Deine Erklärung war mal wieder spitze." (sarkastisch) – Sie: „Ja, fand ich auch. Danke."

Es gibt so viele Techniken, die Sie verwenden können, um Ihrem Gesprächspartner Ihre Grenzen zu zeigen. Sie müssen sich bewusst sein, dass man Ihnen Ihr Selbstbewusstsein bei jeder Technik anmerken muss. Sie schaffen das!

GESCHICHTE ZUR PRAKTISCHEN UMSETZUNG

Max Mustermann hat mit seinem Nebenjob in der Gastronomie begonnen. Er selbst ist ein junger Mann, der sich mit der Redekunst, also der „Rhetorik", gut auskennt. Er weiß, wie er mit seinen Mitmenschen ein Gespräch führen sollte. Schüchtern ist Max nicht. Er ist offen und stets gut gelaunt zu seinen Arbeitskollegen, seinen Freunden und auch den Gästen im Café. Er arbeitet neben seinem Studium als Kellner. Seit vier Jahren kellnert Max bereits und besitzt dabei mehr Erfahrung, als man sich vorstellt. Max' Arbeitskollegin ist älter als er. Sie ist auf seine Schnelligkeit neidisch, ebenfalls spielt bei diesem Hass auch das gute Trinkgeld eine Rolle, was Max verdient.

Mit seiner Chefin versteht sich Max hervorragend. Selbst bei seiner mürrischen Arbeitskollegin weiß sich

Max zurechtzufinden und sie aufzuheitern. Im Café arbeiten sie also zu dritt.

Gespräche öffnen und beenden kann Max sehr gut. Doch sein Problem liegt darin, dass er in schwierigen Situationen und Unannehmlichkeiten nie zu antworten weiß. In solchen Momenten kriegt selbst der wortgewandte Max kein Wort heraus, um sich selbst zu schützen.

Am Nachmittag im Café entsteht ein Dialog zwischen Max und seiner Arbeitskollegin, bei dem Max sich am Ende wieder im Schweigen findet.

Das Geschirr hat sich gestapelt und Max ist wieder am Hin- und Herrennen. Er versucht, jeden Gast zu empfangen und die Bestellungen sorgfältig aufzunehmen. Selbst für einen Schluck Wasser bleibt Max nicht die Zeit. Nachdem sich die Lage beruhigt hat, tritt Max ins Café, um etwas zu trinken. Als Max das Café betritt, um sich Wasser zu holen, schaut die Arbeitskollegin Max an und äußert den Satz „Jetzt passt mir die Atmosphäre nicht mehr.", und sie geht aus dem Café. Max fühlt sich mit diesem Satz verletzt. Er weiß, dass dieser Satz auf ihn allein gerichtet war. Seine Arbeitskollegin sagt aufgrund ihrer Eifersucht öfter solche Sätze. Zu Beginn hatte Max sich eingeredet „Was, wenn Sie gar nicht mich damit meinte?", dann redete er sich ein:

„Vielleicht habe ich den Satz falsch verstanden?", und trotz mehrmaligem Verhalten seiner Arbeitskollegin konfrontierte Max aufgrund seiner Hemmung mit ihren geäußerten Sätzen. Zuletzt redete Max sich den Satz ein, dass er still sein muss und nicht darauf eingehen sollte.

Max entschied sich für den Weg, seine Meinung zu verschweigen. Er überließ somit der Arbeitskollegin das Recht, sich jeden Satz zu erlauben. Max fiel diese Situation besonders schwer, da er nie direkt mit einem Satz konfrontiert wurde. Die Arbeitskollegin schlug, was metaphorisch gemeint ist, auf Max' Emotionen ein.

Max' Gedanke, nicht antworten zu können, entstand zum einen durch das Nicht-Beschädigen des Arbeitsklimas. Er stellte das Arbeitsklima über seinen eigenen Gedanken. Diskussionen mit seinen Mitmenschen waren Max fremd. Er wollte diese Situation von sich abschirmen und nahm dafür die Mobbing-Aktion seiner Arbeitskollegin in Kauf.

Zu Hause ging Max die Szenen im Café mit seiner Arbeitskollegin mehrmals im Kopf durch.

Wie konnte er sich helfen? Was muss Max erlernen, damit er auch in den Unannehmlichkeiten gut agieren kann?

Max versuchte, sich in seiner Freizeit einige der schlagfertigen Antworten einzuprägen. Er prägte sich sehr viele dieser Sätze ein und versuchte, einige Szenen nachzuspielen, die er mit seiner Arbeitskollegin hatte. Doch diesmal ging er die Szenen in seinen Gedanken so durch, dass er eine Antwort parat hatte.

Sonntagnachmittag:

Die Arbeitskollegin sagt Max wieder einen ihrer unangenehmen Sprüche: „Na, dein Outfit spricht mal wieder für sich." Max zögert diesmal mal nicht allzu lange und traut sich mit der Technik 8, nämlich einfach dem Gesprächspartner zuzustimmen. Max sagt: „Ja, danke dir. Du siehst auch nicht schlecht aus."

Die Arbeitskollegin wusste auf diese Reaktion keine Antwort und konnte sich ebenfalls nur bedanken.

Max brachte seine Arbeitskollegin dazu, sich mit einer Situation auseinanderzusetzen, an die selbst sie nicht gewöhnt war. Die Höflichkeit von Max siegte.

Max hat seine Grenze gegenüber seiner Arbeitskollegin gezogen und ihr deutlich gemacht, dass sie sich nur bis zu seiner Grenze ihre Schritte erlauben darf.

Nie mehr sprachlos!

Nun wissen Sie mehr, wie Sie Ihre Rhetorik und Schlagfertigkeit verbessern und antrainieren können. Doch das Buch allein gelesen zu haben, reicht natürlich nicht aus! Seien Sie stark und setzen Sie sich Ihre Ziele. Sie allein können Veränderungen in Ihrem Leben bewirken.

Herstellung und Verlag:

BoD – Books on Demand, Norderstedt

ISBN: 9783755796251

1. Auflage

Kontakt: Psiana eCom UG/ Berumer Str. 44/ 26844 Jemgum

Covergestaltung: Fenna Larsson

Coverfoto: depositphotos.com